BEI GRIN MACHT SICH IHR WISSEN BEZAHLT

- Wir veröffentlichen Ihre Hausarbeit,
  Bachelor- und Masterarbeit

- Ihr eigenes eBook und Buch -
  weltweit in allen wichtigen Shops

- Verdienen Sie an jedem Verkauf

Jetzt bei www.GRIN.com hochladen und kostenlos publizieren

Jan Kowalczyk, Annekatrin Erler

Renaturierungsmaßnahmen im Landkreis Uecker-Randow

GRIN Verlag

Bibliografische Information der Deutschen Nationalbibliothek:

Die Deutsche Bibliothek verzeichnet diese Publikation in der Deutschen National-bibliografie; detaillierte bibliografische Daten sind im Internet über http://dnb.d-nb.de/ abrufbar.

Impressum:

Copyright © 2006 GRIN Verlag GmbH
Druck und Bindung: Books on Demand GmbH, Norderstedt Germany
ISBN: 978-3-640-11255-5

Dieses Buch bei GRIN:

http://www.grin.com/de/e-book/110864/renaturierungsmassnahmen-im-landkreis-uecker-randow

GRIN - Your knowledge has value

Der GRIN Verlag publiziert seit 1998 wissenschaftliche Arbeiten von Studenten, Hochschullehrern und anderen Akademikern als eBook und gedrucktes Buch. Die Verlagswebsite www.grin.com ist die ideale Plattform zur Veröffentlichung von Hausarbeiten, Abschlussarbeiten, wissenschaftlichen Aufsätzen, Dissertationen und Fachbüchern.

Besuchen Sie uns im Internet:

http://www.grin.com/

http://www.facebook.com/grincom

http://www.twitter.com/grin_com

Europaschule Deutsch- Polnisches Gymnasium

Facharbeit im Fach Biologie
Klassenstufe 10
2005/2006

Renaturierungsmaßnahmen im Landkreis Uecker- Randow

Annekatrin Erler

28. Februar 2006

3

Inhaltsverzeichnis

Inhaltsverzeichnis..4
Einleitung...6
1. Was bedeutet „Renaturierung"?..7
   1.1. Wie plant man eine Renaturierungsmaßnahme?...7
   a.) Gründe für Renaturierungen...7
   1.1.1 Zielstellung..8
   a.) Begriffsklärung „Natura 2000"...8
   b.) Begriffsklärung „FFH- Richtlinie"..8
   c.) Begriffserklärung „Biotopverbund"...8
   d.) Naturschutzfachliche Landschaftsleitbilder...9
   e.) Erprobungs- und Entwicklungsvorhaben...9
   1.1.2 Istaufnahme...10
   a.) Gefährdete Biotoptypen..10
   Aktuelle Gefährdungssituation...10
   Regenerierbarkeit..10
   Gefährdungsursachen...11
   1.1.3. Erfordernisse und Maßnahmen...11
   a.) Begriffsklärung/Definitionen...11
   b.) Erfordernisse und Maßnahmen..12
   c.) Beispiele für Renaturierungsmaßnahmen und deren Erläuterung...............12
   1. Ökotechnische Maßnahmen, wie z. B. Wiedervernässung.........................12
      Fließwasser- Renaturierungen...13
      Renaturierungen von Hochmooren...13
   2. Umstellen der Bewirtschaftung und Pflege..13
   3. Spontane Neuentwicklung und gelenkte Sukzession.................................14
   4. Ansaat..14
   5. Pflanzung und „Impfen" mit Arten..15
   6. Biotopverpflanzung..15
   d.) Grenzen der Renaturierbarkeit..15
   1.1.4. Ausführungsplanung, Umsetzung...16
   1.1.5. Erfolgskontrolle...17
   a.) Berichtspflicht: Erfolgskontrolle...17
2. Beispiele für Renaturierungsmaßnahmen im Landkreis Uecker- Randow.........19
   2.1. Darstellung der Renaturierung im NSG „Großer Koblentzer See"............19
   2.1.1. Lage und Größe...19
   2.1.2. Geologie und Wasserhaushalt...19
   2.1.3. Pflanzen- und Tierwelt..20
   2.1.4. Unterschutzstellung und Schutzzweck...20
   2.1.5. Gebietszustand und Entwicklungsziele..20
   2.2. Darstellung der Renaturierung in den Moorbrandflächen bei Pasewalk.....21
   2.2.1.Veranlassung...21

2.2.2. Anforderungen an das Gewässer für die Erstellung einer offenen Wasserfläche 21
2.3.2. Beschreibung der Renaturierung 22
2.3. Darstellung der Renaturierung am Latzigsee 22
3. Darstellung des Latzigsees und dessen Renaturierung 23
3.1. Beschreibung des Gebietes und seiner Bedeutung 23
3.2. Artenbestand und Bedeutung 23
3.2.1. Pflanzen und Tiere 23
3.2.2. Das Sumpf- Knabenkraut und dessen Bedeutung bezüglich des Latzigsees 24
3.3. Geschichtliche Hintergründe 25
3.4.Vergleich vom Latzigsee mit 1938 und heute und dessen Bedeutung 25
3.5. Warum ist eine Renaturierung notwendig? 25
3.5.1. Veranlassung 25
3.5.2.Gründe für die Renaturierung 26
3.5.3. Schutzerfordernisse: 26
3.6. Beschreibung der Renaturierungsmaßnahme 27
3.6.1. Beschreibung der ökologisch durchgängigen Stauhaltung 27
3.6.2 Renaturierungsergebnis 27
4. Zusammenfassung 28
Anhang 1 29
Anhang 2 29
Anmerkungen 34
Quellenverzeichnis 37
Bildquellenverzeichnis 39

5

Einleitung

In der vorliegenden Facharbeit möchte ich klarstellen und hervorheben, wie wichtig Natur- und Umweltschutz in unserer heutigen Gesellschaft sind. Es gab und gibt ständig Eingriffe des Menschen in die Natur, die schwerwiegende Folgen auf u.a. wertvolle Biotope nach sich ziehen können. Deshalb werden Renaturierungsmaßnahmen angewendet, um dem entgegen zuwirken.

in den folgenden Ausführungen werde ich erklären, was Renaturierung überhaupt ist, wie sie aufgebaut und umgesetzt wird und werde dies anhand von Beispielen verdeutlichen. Ausführlicher gehe ich dabei auf die bedeutung des Latzigsees und seiner Renaturierung ein.

1. Was bedeutet „Renaturierung"?

„Renaturiert werden alte Industriestandorte, Tagebaue (Braunkohle), Kiesgruben, unwirtschaftliche landwirtschaftliche Randzonen und Gewässer. In einer intensiv genutzten, [durch menschliche Einwirkungen strukturell veränderten Naturlandschaft (Kulturlandschaft)] ist [Renaturierung] zum Erhalt naturnaher Ruhezonen erforderlich. Jedoch kann damit der Verlust an Naturlandschaft durch Bebauung und Versiegelung nicht kompensiert werden. Die Rückzugsgebiete vieler Pflanzen und Tiere sind mittlerweile so zerschnitten, klein und weit auseinander liegend und die genutzten Äcker, Wiesen und Gärten so artenarm, dass eine Wiederbesiedlung nahezu ausgeschlossen ist. Im Gegensatz zur [Renaturierung] von Gewässern und Feuchtgebieten, die durch die Flugverbreitung von Insekteneiern und Pflanzensamen im Gefieder von Wasservögeln begünstigt wird, ist die [Renaturierung] von Trockenrasen und Torfmooren, wenn überhaupt, nur in Hunderten bis Tausenden von Jahren möglich."[1]

1.1. Wie plant man eine Renaturierungsmaßnahme?

a.) Gründe für Renaturierungen

Der Renaturierungsbedarf eines Gebietes ist je nach Landschaft und Biotopausstattung verschieden. Er setzt sich aus den Anforderungen des Artenschutzes und des Biotopschutzes mit der charakteristischen Artenausstattung" zusammen. Sie erfordern Lebensräume großer Fläche mit einer Vielfalt unterschiedlicher Habitatstrukturen , was bedeutet, dass mit Hilfe von Renaturierungen nicht nur vorhandene Biotope bezogen auf ihrer Fläche vergrößert sondern auch mangelnde Biotope grundsätzlich neu erschafft werden müssen, sofern dies überhaupt möglich ist.

PLACHTER (1991) zählt vier Gründe für die Renaturierung von Biotopen auf:
- Förderung von Organismenarten/ -gruppen
- Wiederherstellung stark rückläufiger Lebensraumtypen; naturnahe Biotope
- Wiederbereicherung von Landschaften und Gebieten
- Ausgleichs- und Ersatzmaßnahmen[2]

1.1.1 Zielstellung

a.) Begriffsklärung „Natura 2000"

Das europäische Schutzgebietssystem Natura 2000 besteht aus der Fauna- Flora-
Habitatrichtlinie (FFH- Richtlinie; Rechtsquelle: Richtlinie 92/43/EWG vom 21. Mai
1992) und der Vogelschutz- Richtlinie (Rechtsquelle: Richtlinie 79/409/EWG vom
02.April 1979). Das Netz Natura 2000 versucht den Erhalt von Arten und
Lebensraumtypen zu gewährleisten (insgesamt 218 Lebensraumtypen und über 1000
Tier- und Pflanzenarten bei der FFH- Richtlinie; in Deutschland davon 91
Lebensraumtypen und 258 Tier- und Pflanzenarten; bei der Vogelschutz- Richtlinie 700
natürlich vorkommende Vogelarten im europäischen Gebiet der Mitgliedstaaten). [3]

b.) Begriffsklärung „FFH- Richtlinie"

Die FFH- Richtlinie ist ein von der Europäischen Union erstmal existierendes,
umfassendes rechtliches Instrumentatrium zum Lebensraum- und Artenschutz. Es
wurde am 21. Mai 1992 zur Erhaltung der natürlichen Lebensräume und wildlebenden
Pflanzen und Tiere geschaffen. Die FFH- Richtlinie soll die biologische Vielfalt durch
gegebene Schutzgebietsysteme dauerhaft schützen und erhalten.
Jedoch muss gewiss sein, dass das Ziel biologische Vielfalt zu erhalten nicht nur durch
den Schutz der einzelnen Habitate erreicht werden kann. Es muss ein Biotopverbund
mit einbezogen werden, der sich mit den unterschiedlichen ökologischen Ansprüchen
für die Arten und Lebensraumtypen, die geschützt werden sollen, befasst. [4]

c.) Begriffserklärung „Biotopverbund"

Die zunehmende Landschaftsnutzung in Form von Straßen- und Siedlungsbau und
verstärkter Land- und Forstwirtschaft haben schwere Folgen auf die Natur, da wertvolle
Biotope verloren gehen, die nicht nur insgesamt an Fläche verlieren, sondern in isolierte
Einzelteile zerlegt werden und somit wegen ihrer geringen Größe verstärkt störenden
Einflüssen der Umgebung ausgesetzt sind. Die übrigen Einzelteile der Biotope sind für
viele Lebewesen zu klein und durch ihre Vereinzelung wird der Austausch von

Individuen zwischen den Gebieten erschwert. Die Folgen davon sind genetische Verarmung der Populationen und Gefährdung ihres dauerhaften Überlebens.

Desweiteren sind Biotope vorhanden, die in ihrer Räumlichkeit und ihren Funktionen voneinander abhängig sind, worauf viele Lebewesen angewiesen sind um all ihre Lebensraumansprüche zu erfüllen. Dadurch, dass Biotope in isolierte Einzelteile zerlegt werden und durch den verstärkten Nutzungsdruck zunehmende „lebensfeindliche" Umgebungen entstehen, tritt ein Verlust der besonders wichtigen Vernetzungsbeziehungen zwischen den einzelnen Biotopen und der gesamtlandschaftlichen ökologischen Zusammenhänge ein.

Somit ist das Ziel des Biotopverbundes, abgesehen von der Sicherung der Lebensräume, die beschriebenen Wechselbeziehungen in der Landschaft zu bewahren, wiederherzustellen und zu entwickeln. Desweiteren spielt auch die Gewährleistung des genetischen Austausches zwischen Populationen, Tierwanderungen und Ausbreitungs- und Wiederbesiedlungsprozesse eine große Rolle. [5]

d.) Naturschutzfachliche Landschaftsleitbilder

Damit ist gemeint, die Entwicklung regionalisierten Rahmenvorstellungen, die Teil eines zusammenhängenden naturschutzfachlichen Zielkonzeptes sein sollen, für eine gute Landschaftsentwicklung aus einer bundesweiten Sicht zu erzielen. Zur Erarbeitung des Biotopverbundsystems können diese Rahmenvorstellungen als Grundlage dienen. [6]

e.) Erprobungs- und Entwicklungsvorhaben

Zum Erhalt der biologischen Vielfalt dienen die Erprobungs- und Entwicklungsvorhaben (E+E- Vorhaben), welche vom Bundesumweltministerium gefördert und vom Bundesamt für Naturschutz (BfN) betreut werden. Aufgaben der Förderprojekte sind somit die Umsetzung wichtiger Forschungsprojekte in die Praxis, die Erprobung neuer und verbesserte Anwendung schon erprobter Methoden und die Aufbereitung der Erfahrungen für verwertbare Empfehlungen. Schwerpunkte der Förderungen und beispielhafte Lösungsansätze sind dabei: [7]

- „Artenvielfalt bewahren (Wiedereinbürgerung und Schutz hochgradig gefährdeter Tiere)
- Naturschutzgerechte Regionalentwicklung vorantreiben (Umsetzung von Nutzungs- und Pflegekonzepten)
- Wertvolle Lebensräume schützen (Verfahren und Methoden zur Renaturierung von Biotopen)
- Gesellschaftliche Akzeptanz für den Naturschutz steigern (Naturschutzbildungs- und Informationszentren)
- Naturschutz in die Stadtentwicklung integrieren (Ökologische Stadterneuerung)." [8]
-

1.1.2 Istaufnahme

a.) Gefährdete Biotoptypen

Abgesehen von rein technischen Lebensraumtypen, wie Straßen, Gebäude und Deponieflächen, lassen sich in Deutschland rund 500 Biotope unterscheiden. (siehe Anhang 1)

Aktuelle Gefährdungssituation

Insgesamt liegt die Zahl der Biotoptypen, die als gefährdet eingestuft werden, bei ca. 69 %. Davon zählen 15% als von vollständiger Vernichtung bedroht, 33% als stark gefährdet, 20% als gefährdet und 1% als potentiell gefährdet. Desweiteren liegt die Zahl der vollständig vernichteten Biotoptypen bei einem Anteil von 0,2% und zeigt den mangelnden Kenntnistand der Biotoptypen von Zeiten vor 100 bis 150 Jahren, die noch nicht einmal beschrieben wurden und nun gar nicht mehr vorhanden sind.

Regenerierbarkeit

Ob ein Biotoptyp gefährdet ist, hängt u.a. auch von seiner „Regenerationsfähigkeit" (Wiederherstellbarkeit) oder „Belastbarkeit" (Nichtwiederherstellbarkeit) ab. Mit „Regenerationsfähigkeit" ist das eigene Potential des Biotops zur selbstständigen Regeneration wie auch eine mögliche Wiederentwicklung („Regenerierbarkeit") durch

Hilfe des Menschen (z.B. durch Renaturierung) gemeint. Die „Regenerationsfähigkeit" ist abhängig von der benötigten Entwicklungszeit, von Standort- und Rahmenbedingungen (z.b. Feuchte, Nährstoffgehalt) und auch von gesamtlandschaftlichen Zusammenhängen. Von den gefährdeten Biotoptypen zählen rund 35% zu der Kategorie nicht bzw. kaum regenerierbar und 37,7% als schwer regenerierbar.

Gefährdungsursachen

Hauptgefährdungsursachen für Biotoptypen der Binnengewässer sind vor allem Eingriffe in den Wasserhaushalt (mit 84,7%), Gewässerausbau/-unterhaltung (74,6%), Nährstoffanreicherung in Boden und Gewässer (66,1%), mechanische Einwirkungen (57,6%) und Boden-, Luft- und Gewässerverschmutzung (57,6%).

Hauptgefährdungsursachen für Biotoptypen des Binnenlandes sind vor allem Nutzungsintensivierung (36,3%), Nährstoffanreicherung in Boden und Gewässer (22,4%), Eingriffe in den Wasserhaushalt (15,6%), Aufgabe landwirtschaftlicher Extensivnutzung (13,3%), mechanische Einwirkungen (13,3%) und Eingriffe in die Waldbestände (12,7%).[9]

1.1.3. Erfordernisse und Maßnahmen

a.) Begriffsklärung/Definitionen

Sukzession: „Zeitliche Aufeinanderfolge von Arten bzw. Lebensgemeinschaften eines Biotops, hervorgerufen durch Klima, Boden oder die Organismen selbst:

- primäre Sukzession: erstmalige Besiedelung von sich neu bildenden Flächen
  (Vulkaninsel, Gesteinsschutt nach Gletscherrückgang)
  und- sekundäre Sukzession: Wiederherstellung des ehemaligen Zustandes nach
  stärkeren Eingriffen von außen (Kahlschlag, Brand,
  Überschwemmung, Beweidung, Ackerbau)."[10]

Rekultivierung: „Unter Rekultivierung versteht man die Wiederherstellung eines durch menschliche Eingriffe gestörten Gebietes (Natur- oder Kulturlandschaft), in dem der ursprüngliche Oberboden entfernt oder unbrauchbar gemacht worden ist. Eine Rekultivierung ist gesetzlich vorgeschrieben."[11]

„Ziel ist somit in der Regel die Wiedernutzbarmachung von für Rohstoffabbau oder für Aufschüttungen vorübergehend in Anspruch genommenen Flächen."[12]

Regeneration: „stellt das Endziel jeder Renaturierung dar, soweit diese erreichbar ist. Sie bedeutet die erfolgreiche Wiederherstellung typischer natürlicher Verhältnisse in gefährdeten Ökosystemen (KLÖTZLI 1991); dabei ist die Wiederbesiedelung durch die lebensraumtypischen Pflanzen und Tiere gleichermaßen ausschlaggebend (vgl. EIGNER und SCHMATZLER 1991). Die Regenerationsfähigkeit beschreibt dabei die von inneren und äußeren Faktoren abhängige Fähigkeit zum Ersatz verloren gegangener Teile oder Funktionen von Ökosystemen (ANL und DAF 1991)."[13]

b.) Erfordernisse und Maßnahmen

Es gibt eine Vielzahl von Strategien zur Renaturierung. Bisherige Erfahrungen in verschiedenen Erfahrungen beschreibt vor allem KLÖTZLI (1991).[14]

Beispiele dafür sind : - ökotechnische Maßnahmen, wie z.B. Wiedervernässung

- Umstellen der Bewirtschaftung und Pflege

- Spontane Neuentwicklung und gelenkte Sukzession

- Ansaat

- Pflanzung und „Impfen" mit Arten und

- Biotopverpflanzung.

c.) Beispiele für Renaturierungsmaßnahmen und deren Erläuterung

1. Okotechnische Maßnahmen, wie z. B. Wiedervernässung

Damit ist die Grundvorraussetzung einer Renaturierung gemeint, die sich damit befasst, die früheren Entwässerungen eines Lebensraums so gut wie möglich rückgängig zu machen.

Beispiele dafür sind: [15)

- „das Wiederherstellen von der Überflutungsmöglichkeit in Talauen"
- „das Anheben des Grundwasserspiegels in Grünlandbiotopen durch Unterbrechen von Drainagen"
- „das Verschließen von Entwässerungsgräben in Moorkomplexen" sowie auch
- „die Neuanlage von Kleingewässern durch Ausschürfungen"[16)

Die eben genannten Beispiele zählen wie die Renaturierung von Fließgewässern durch maschinelle Eingriffe zu den ökotechnischen Maßnahmen. Diese können durch Herstellen der Wuchs- bzw. Lebensbedingungen auch zur gelenkten Sukzession gestellt werden.

Fließwasser- Renaturierungen

Desweiteren laufen seit Anfang der 80er Jahre verschiedene Projekte zum Thema „Fließwasser- Renaturierung". Für sinnvolle Baumaßnahmen im Rahmen solcher Projekte unterscheidet SCHLÜTER (1992) Bereiche wie Linienführung, Längsschnittgestaltung, Querschnittgestaltung, Ansiedlung und Vegetation, Einbau von Habitatelementen und Ausweisung von Gewässerrandstreifen.

Renaturierungen von Hochmooren

Erfahrungen wurden inzwischen auch mit der Renaturierung von Hochmooren und der dazu notwendigen Wiedervernässung gesammelt. Im Gegensatz zu anderen Feuchtbiotopen besteht die Aufgabe nur darin, das Niederschlagswetter zu kontrollieren und im Moor zu halten. [17)

2. Umstellen der Bewirtschaftung und Pflege

Diese Maßnahme stellt sich so dar, dass eine Renaturierung bewirkt werden kann, indem man in Grünlandbiotopen auf Düngung verzichtet und seltener mäht, sodass man die Bewirtschaftung dieses Gebietes ändert. Abhängig von dem Untergrund, Wasserspiegel, Relief und seitlichen Beeinflussungen dauert es mindestens zehn Jahre bis das Ziel des angestrebten weiträumigen Grünlands wenigstens äußerlich zum Ausdruck kommt. Ob die gesamte floristische Artenvielfalt wiederhergestellt werden kann ist abhängig von dem Samenpotential des

Standortes, d.h. noch keimfähige Diaspuren, die sich im Boden befinden) und von der Samenzufuhr entsprechender Arten aus nahe liegenden Flächen (KLÖTZLI 1991,1993).[18]

3. Spontane Neuentwicklung und gelenkte Sukzession

Spontane Neuentwicklung von Biotopen bedeutet eine relativ kurzfristige Besiedlung geeigneter Standorte ohne Hilfe von stützenden Maßnahmen des Menschen. Um den einmal eingetretenen Zustand zu erhalten sind häufig Pflegemaßnahmen notwendig, zumal es sich oft um von Natur aus relativ kurzlebige Stadien handelt. Gelenkte Sukzession basiert ebenfalls auf natürlichen Entwicklungen der Neu- oder Wiederbesiedlung von Standorten, jedoch wird der Ablauf gezielt durch Lenkungsmaßnahmen beeinflusst. Während sich die spontane Neuentwicklung auf die Schaffung von Lebensräumen ohne Unterstützung durch Naturschutzvorhaben bezieht, wird die gelenkte Sukzession bewusst beeinflusst (z.b. durch Entbuschung, Mahd oder Wasseranstau). [19]

4. Ansaat

Diese Renaturierungsmaßnahme wird besonders im Grünland angewendet. Um eine rasche und geschlossene Begrünung zu erzielen werden Rekultivierungen in Form von grasreichen, artenarmen Einsaaten unternommen. Jedoch dienen sie nicht als langzeitigen Lebensraum seltener, standorttypischer Pflanzen.

Bei intensivem Grünland sollte die Methode für die Ausdehnung des Feuchtgrünlandes so aussehen , dass das Gebiet nicht umbrochen und neu eingesät wird. Man soll versuchen, eine Artenanreicherung und ein Verschieben des Artenspektrums zu erzielen. Methoden der Ansaat werden nur bei der Umwandlung von Ackerland in Grünland und auf z.B. durch Baumaßnahmen vegetationsfreien Flächen durchgeführt.

14

FOERSTER bevorzugt dabei andere Methoden wie die Selbstberasung, die so genannte Heublumenansaat und das Ausbringen von samenhaltigem Aufwuchs.[20]

5. Pflanzung und „Impfen" mit Arten

Diese Maßnahme zur Renaturierung wird besonders bei Gehölzbiotopen angewendet, indem sie durch gezielte Pflanzung neu angelegt werden. Nach der Ansicht von REIF und AULIG sollen für die Pflanzung spezifizierte, naturraumbezogene Pflanzpläne erstellt und, unterschieden nach Standort und Klima, typische Artenkombinationen erarbeitet werden.

Aufgrund der genetischen Veränderungen der Heckengehölze sei zu beachten, das Saatgut vor Ort zu sammeln und daraus Jungpflanzen zu ziehen.

Das „Impfen" mit Arten ist eine Teilumsiedlung, die zwischen der Pflanzung und der Biotopverpflanzung steht. Diese Maßnahme erfolgt durch Abgraben von Soden bzw. der Vegetationsschicht, deren Transport und das Abkippen im neu zu besiedelnden Lebensraum. [21]

6. Biotopverpflanzung

Damit ist der Versuch gemeint, ganze Lebensraumteile zu verpflanzen. Dies kann der Fall sein, wenn bei einer Baumaßnahme der Naturschutz unterliegt und somit ein wichtiger Lebensraum zerstört werden soll. Mit Hilfe einer Biotopverpflanzung bestehen Chancen, zumindest Teile der Lebensgemeinschaft des Biotops von den verloren gehenden Flächen umzusiedeln und zu retten.[22]

d.) Grenzen der Renaturierbarkeit

Zu den Möglichkeiten und Grenzen der Renaturierbarkeit sowie zu den zu berücksichtigen Anforderungen lassen sich im Allgemeinen diese zehn Punkte festlegen und zusammenfassen:

Die Grenzen der Renaturierbarkeit von Biotopen zeigen sich unter anderem in der Zeit der Wiederherstellung (Regenerierbarkeit innerhalb eines bestimmten Zeitrahmens), den

Zustand des Biotoptyps, die Verbindung zu gleich gelagerten Biotopen wegen der Möglichkeit von Einwanderung von Arten und der Nutzung der umgebenden Landschaft.[23)]

1.1.4. Ausführungsplanung, Umsetzung

Der Naturhaushalt, der aus den Faktoren Pflanzen und Tiere, Boden, Wasser, Klima und Luft sowie das Landschaftsbild besteht, ist die Lebensgrundlage des Menschen. Jedoch sind diese Faktoren durch Nutzungsänderungen und -intensivierungen bedroht, und somit auch die Vielfalt, Eigenart und Schönheit der Natur und Landschaft. Die grundlegenden Informationen und Zielaussagen können hinsichtlich dem Naturschutz und der Landschaftspflege mit Hilfe der Landschaftsplanung erreicht werden.

Im Rahmen der Landschaftsplanung wird für die schon genannten Naturhaushaltsfaktoren die aktuelle Leistungsfähigkeit ermittelt, bewertet und dargestellt. Dass heißt, dass in erster Linie die planerischen Rahmenbedingungen, die zu lösenden Probleme und die Zielvorhaben bestimmt werden und anschließend die Erfassung des Bestands und die Beurteilung der Verträglichkeit von vorhandenen und geplanten Nutzungen folgen.

Nach der Erarbeitung von Leitbild- und Entwicklungskonzeptionen, d.h. von Zielen und evt. Zielalternativen für die Entwicklung von Natur und Landschaft, werden davon die Erfordernisse und Maßnahmen abgeleitet, die von Planungsträgern und Naturschutzverwaltungen umgesetzt werden. Daraufhin folgt die Erarbeitung des Planes, der sich aus dem Landschaftsprogramm, dem Landschaftsrahmenplan, dem Landschaftsplan und dem Grünordnungsplan zusammensetzt, wobei hier die Landschaftsplanung im Zentrum des planenden Naturschutzes steht. Letztendlich enthalten die Pläne Angaben über:[24)]

- „den derzeitigen und den zu erwartenden Zustand von Natur und Landschaft,
- die konkretisierten Zielen und Grundsätzen des Naturschutzes du der Landschaftspflege,
- die Beurteilung des vorhandenen und zu erwartenden Zustands von Natur und Landschaft (einschließlich der Konflikte),
- die Erfordernisse und Maßnahmen, insbesondere

- zur Vermeidung, Minderung oder Beseitigung von Beeinträchtigungen von Natur und Landschaft,
- zum Schutz, zur Pflege und zur Entwicklung der Schutzgebiete sowie der Biotope und Lebensgemeinschaften der Tiere und Pflanzen wild lebender Arten,
- auf Flächen für künftige Maßnahmen des Naturschutzes und der Landschaftspflege und zum Aufbau eines Biotopverbundes,
- zum Aufbau und Schutz des Netzes „Natura 2000",
- zum Schutz, zur Verbesserung der Qualität und Regeneration von Böden, Gewässern, Luft und Klima,
- zur Erhaltung und Entwicklung von Vielfalt, Eigenart und Schönheit der Natur und Landschaft, auch als Erlebnis- und Erholungsraum des Menschen." (siehe Anhang 2)[25]

Zur Umsetzung des Planes sind Träger verantwortlich. Diese sind zum Beispiel Naturschutzfachbehörden, Fachbehörden, Kommunen, Naturschutzverbände, öffentliche Institutionen oder private.

Anschließend erschließen sich eine Erfolgsbilanz und Fortschreibung, die sich aus der [26]

- „Dokumentation von Erfahrungen, Maßnahmen, Ergebnissen, Veränderungen,
- der Beurteilung des Erfolges und
- der evt. Korrektur von Zielen und Maßnahmen"[27]

zusammensetzt.

1.1.5. Erfolgskontrolle

a.) Berichtspflicht: Erfolgskontrolle

Die Mitgliedsstaaten sind dazu verpflichtet alle 6 Jahre einen Bericht über den Zustand der Bestandteile des Natura Netzes 2000 (siehe 1.1.1.) zu erstatten. Dies ist eine erste umfassende gesetzliche Regelung für die Erfolgskontrolle im Naturschutz. Aus den einzelnen Berichten der Nationen erschließt die Europäische Kommission anschließend einen zusammenfassenden Bericht, der den Erhaltungszustand der Lebensraumtypen und Arten der FFH- Richtlinie bewertet. [28]

b.) Nachhaltigkeitsindikatoren

Durch Indikatoren kann man Entwicklungen zusammenfassend und einfach darstellen, indem z.b. Sachverhalte anschaulich gemacht werden. Aber vor allem kann man Erfolge bzw. Misserfolge erkennen und somit bundespolitische Ziele erreichen. Alle 2 Jahre muss die Bundesregierung Fortschrittsberichte erstatten. Indikatoren sind zum Beispiel bestimmte Tier- und Pflanzenarten, welche in den bestimmten Lebensräumen vorkommen. Diese Arten stellen bestimmte Ansprüche an ihren Lebensraum. Mithilfe von Artenmonitoring kann man die Entwicklung der "Indikatorarten" verfolgen und Schlüsse über die weiteren Maßnahmen ziehen.[29)]

2. Beispiele für Renaturierungsmaßnahmen im Landkreis Uecker-Randow

2.1. Darstellung der Renaturierung im NSG „Großer Koblentzer See"

2.1.1. Lage und Größe

Das Naturschutzgebiet „Großer Koblentzer See" hat eine Größe von 270 ha und liegt rund 10 km nordöstlich von Pasewalk in einem westlichen Ausläufer des Randowtals. Mit einer Höhe von 7- 8m NN gehört das Schutzgebiet zu der Landschaftseinheit „Randowtal". [30)]

Siehe Anhang 3

31)

2.1.2. Geologie und Wasserhaushalt

Das Seitental der Randowniederung , indem sich der Große Koblentzer See befindet, wurde von Schmelzwasser ausgeformt, vermoorte im Holozän und ist heute ein Durchströmungsmoor, jedoch ist es heute ein beeinträchtiges Durchströmungsmoor. Als wassergefüllte Talmoorblänke ist der See in diesem Niedermoorgebiet erhalten geblieben. Das Wasser ist gering salzhaltig und am Ufer befinden sich Salzstellen, die durch das Aufsteigen des Grundwassers aus der Kreide bedingt sind.

Durch die Entwässerung des angrenzenden Zerrenthiner Grünland mit Hilfe eines Schöpfwerkes, wird Fremdwasser durch den See geleitet. Folgen davon sind ein durchschnittlich jährlicher Austausch des Wasservolumens des Sees und die Senkung des Wasserspiegels und somit eine Reduzierung der Seefläche.

Für die Wiedervernässung des Gebietes wurden erstmals Gräben verschlossen, später soll ein Rückbau des Schöpfwerkes erfolgen, sodass die anliegenden Zerrenthiner Wiesen so wie früher vom Koblentzer See bewässert werden.

2.1.3. Pflanzen- und Tierwelt

An den Salzstellen findet man lückige Bestände von Strand- Dreizack, Salz- Binse, Sumpf- Knabenkraut (siehe 3.2.2.), Salz- Schuppenmiere, Erdbeer- Klee und Strand-Wegerich. Ein Rückgang der Artenbestand ist vor allem bei dem Schilfröhricht und bei der Weißen Seerose erkennbar, das Schneideröhricht ist bereits erloschen. In dem Gebiet brüten unter anderem Rohrdommel, Knäk- , Krick-, Löffel- und Schnatterente, Graugans sowie Kranich. Weitere Vögel, u.a. Durchzügler bzw. Nahrungsgäste sind Stare, Rauchschwalben, Bach- u.

Schafstelzen, sowie Zwerg- u. Singschwan, Saat- und Blässgans, Pfeifente, Spießente, Zwerg- und Gänsesäger sowie zeitweise Höckerschwäne. An Säugetieren sind u.a. Zwergspitzmaus, Zwergmaus, Mauswiesel, Fischotter, Dachs, Marderhund und Wildschwein vorhanden. Die Lurchen und Kriechtiere sind mit Erdkröte, Moorfrosch, Grasfrosch, Teichfrosch, Blindschleiche und Ringelnatter vertreten.

2.1.4. Unterschutzstellung und Schutzzweck

Der Große Koblentzer See wurde am 27.5.1960 unter Schutz gestellt. Die Gründe dafür sind der Erhalt und die Entwicklung der Talmoorblänke mit angrenzenden Durchströmungsmoorflächen sowie der Binnensalzstelle (in Vorpommern sehr selten) und des Kalksumpfes. Ein weiterer Grund ist der Schutz für einen bedeutsamen Brut-, Durchzugs- und Rastgebietes für Wasservögel.

2.1.5. Gebietszustand und Entwicklungsziele

Der Zustand des Gebietes wird als befriedigend eingeschätzt und zeigt gute Nahrungs- und Rastbedingungen für durchziehende Wat- und Wasservögel. Jedoch sinkt der

Wasserspiegel des Sees stark und der Qualitätsverlust des angrenzenden Durchströmungsmoores konnte noch nicht aufgehalten werden. Somit ist das Entwicklungsziel, den Wasserstand (6,80 m über NN) zu erhöhen und zu stabilisieren. Dafür sollen ein Rückbau des Schöpferwerkes und eine Wiedervernässung größerer Niedermoorflächen erfolgen.[32]

2.2. Darstellung der Renaturierung in den Moorbrandflächen bei Pasewalk

2.2.1. Veranlassung

Aufgrund des Eingriffes in den Naturhaushalt durch die Erweiterung der Flugplatzanlage in Franzfelde bei Pasewalk, besteht die Verpflichtung im Rahmen des Naturschutzgesetzes, eine Kompensationsmaßnahme, d.h. eine „Ausgleichs- und Ersatzmaßnahme", in der Region zu schaffen. Dies sollte mit dem Erstellen einer offenen Wasserfläche, in Form eines Torfstiches, im Bereich der Moorbrandflächen der Friedberger Wiesen erfolgen.[33]

34)

2.2.2. Anforderungen an das Gewässer für die Erstellung einer offenen Wasserfläche

Da die Wiesenlandschaft des Ueckertals eher eintönig gestaltet ist, wurde mit der Erstellung eines „Torfstiches" ein Lebensraum für alle Tiere geschaffen, deren Leben

21

irgendeinen Zusammenhang mit dem Wasser hat. Deshalb wurden an dieses Gewässer besondere Ansprüche gestellt, die umgesetzt wurden:[35]

- „kein Durchfrieren des Wasserbereiches im Winter"
- „weiträumige Flachwasserzonen"
- „Sicht- und Windschutz zu angrenzenden Flächen" und
- „freie An- und Abflugmöglichkeiten für Wasser- und Schreitvögel" [36]

2.3.2. Beschreibung der Renaturierung

Über die große Moorbrandfläche wurde ein Quadrat von 60m x 60m markiert, dass maximal für die Erstellung eines großen Flachwasserbereiches genutzt wird. Die Senke, die die Fläche durchläuft, hat eine Breite von 10m und eine Tiefe von 3m. Desweiteren wurden Gehölzgruppen aus standorttauglichen Baum- und Straucharten geschafft, wie z.B. Weiden- und Erlenarten sowie Birken.[37]

2.3. Darstellung der Renaturierung am Latzigsee

Das Gebiet des Latzigsees liegt nördlich von Rothenklempenow und hat eine Fläche von 122 ha. Da der Wasserspiegel des Latzigsees in niederschlagsarmen Zeiten sinkt und unmittelbar vom Wasserstand der Randow abhängig ist, hat man hier vor eine ökologisch durchgängige Stauhaltung zu erschaffen, um den Wasserstand zu stabilisieren und zu erhöhen. Zumal der See seit 1938 etwa 18 ha seiner Wasseroberfläche verloren hat, somit die angrenzenden Niedermoore und der Wald negativ beeinflusst werden und bedeutsame Pflanzen- und Tierarten gefährdet sind, ist eine Renaturierung erforderlich.

In 3. nehme ich Bezug auf die Beschreibung des Latzigsees und seiner Bedeutung sowie auf die Beschreibung der geplanten Renaturierung.

3. Darstellung des Latzigsees und dessen Renaturierung

3.1. Beschreibung des Gebietes und seiner Bedeutung

Der Latzigsee ist ein artenreicher Flachwassersee und liegt etwa 3 Kilometer nördlich von Rothenklempenow. Bei einem Wasserstand über 5,20m über HN beträgt seine Wasseroberfläche 42 ha.

An der Südwestseite hat der Latzigsee seinen Auslauf, der nach etwa 200 m in den Hausseegraben mündet. Dieser stellt die Vorflut für den Latzigsee und den südlichen Haussee dar. Etwa 800 m unterhalb des Auslaufes des Latzigsees mündet der Hausseegraben in die Randow. Der Wasserspiegel des Latzigsees gleicht sich mit dem der Randow aus. [38)]

3.2. Artenbestand und Bedeutung

3.2.1. Pflanzen und Tiere

Im Gebiet des Latzigsees gehören die drei Orchideen Sumpf- Knabenkraut (in der roten Liste vorhanden), fleischrotes Knabenkraut, Sumpfsitter, und das Sumpf- Glanzkraut, die jeweils mit dem FFH- Status geprägt sind, zu den Leitarten. [39)]

Fleischrotes Knabenkraut: *Sumpfsitter:*   *Sumpf-*

Glanzkraut:

Die Rohrweihe, die dort brütet, ist ein seltener Vogel und eine geschützte Art der roten Liste. Ein Nahrungsbewohner des Gebietes ist der Seeadler, der wie der Fischotter geschützt ist. Weitere Bewohner sind die FFH- Arten der große Feuerfalter und die schmale Windelschnecke, sowie der selten vorkommende Mittelspecht, die Stockente als Brutvogel, der Raubwürger, der Trauerfliegenschnäpper, der Baumläufer, der Kleiber, der Teichrohrsänger, der Schilfrohrsänger und der Feldschwirl, sowie der Fasan, das Hermelin und der in diesem Gebiet häufig vorkommende Feldhase. [43]

3.2.2. Das Sumpf- Knabenkraut und dessen Bedeutung bezüglich des Latzigsees

Das Sumpf- Knabenkraut (*Orchis palustris*) ist in hohem Grade gefährdet und gehört zu den stärksten bedrohten Pflanzenarten Mitteleuropas. In Deutschland ist ein starker Rückgang der Art eingetreten, in Mecklenburg- Vorpommern ist das Sumpf- Knabenkraut sogar vom Aussterben bedroht. Es existieren hier gegenwärtig nur noch 6 Vorkommen.[44]

Diese sind: 1. „Seewiesen nordwestlich Rothenklempenow" (Gebiet Latzigsee)

2. „Wiesen bei Koblentz" (NSG „Großer Koblentzer See")

3. „Zerrenthiner Wiesen"

4. „Wiesen nördlich des Galenbecker Sees Verlandungszone"

5. „am Südufer des Galenbecker Sees"

6. „Kalkwiese westlich Ferdinandshof"[45]

Das Gebiet beim Latzigsee, in dem *Orchis palustris* wächst, wurde 1983 als Flächennaturdenkmal unter Schutz gestellt. Gegenwärtig sind dort mehr als 1500 Exemplare des Sumpf- Knabenkrautes anzutreffen und somit ist es das bedeutendste Vorkommen der Art in Deutschland. [46]

Sumpf- Knabenkraut

24

3.3. Geschichtliche Hintergründe

1741 leitete Friedrich I. großflächige Veränderungen der Landschaft ein, die von Friedrich dem Großen fortgeführt wurden. Ziel war Landgewinnung für eine höhere Anzahl von Weideflächen. Desweiteren wurde 1741 beschlossen, die Randow zu begradigen. Die ehemals 36 km lange Randow wurde durch das Begradigen auf 22 km gekürzt. Es entstanden viele Niedermoore, die bis zum 1. Weltkrieg schwach entwässert wurden, das Randowtal wurde ebenfalls schwach entwässert. In den 20ern Jahren entwickelte sich die Landwirtschaft besonders stark (Technik, Industrialisierung). Dadurch wurde die Entwässerung weiter vorangetrieben, besonders in den 60ern und 70ern Jahren durch die Meliorationsgenossenschaft. Das heißt, dass die Flächen den menschlichen Bedürfnissen stark angepasst wurden und starke negative Folgen auf die Natur hatten.

3.4.Vergleich vom Latzigsee mit 1938 und heute und dessen Bedeutung

Nachweislich der letzen katasterlichen Vermessung hatte der Latzigsee 1938 eine Wasseroberfläche von 60 ha, was bedeutet, dass derzeit 18 ha Fläche fehlen. Dazu kommt, dass dieser Rückstand des Wassers negative Auswirkungen auf den angrenzenden Wald hat. Der Latzigsee, der Wald und die Niedermoore sind sozusagen miteinander verbunden, sodass der See den Wald u.a. beeinflussen kann (Vernetzungsbeziehungen). Was die Menschen innerhalb von 10 Jahren in der Natur zerstören bzw. negativ beeinflussen, dafür würde die Natur selbst 1000 Jahre und länger brauchen um sich zu regenerieren, soweit dies überhaupt möglich wäre. Zum Beispiel wächst das Niedermoor in einem jahr um 1 mm. Der Mensch kann jedoch durch negatives Eingreifen ein 1-2 cm oder mehr vernichten. [49] Siehe Anhang 5

3.5. Warum ist eine Renaturierung notwendig?

3.5.1. Veranlassung

Aufgrund des geplanten Ausbaus der Bundesstraße B 113 im Raum Krackow-Grambow, Abschnitt Schwennenz- Grambow, soll hierzu eine Kompensationsmaßnahme, d.h. eine „Ausgleichs- und Ersatzmaßnahme", in der Region erfolgen, um im Rahmen des Naturschutzgesetzes für den Eingriff entsprechenden Ausgleich zu schaffen. Dafür wurde die Renaturierung des Latzigsees ausgewählt.

3.5.2. Gründe für die Renaturierung

Die Ausgleichs- und Ersatzmaßnahme befasst sich mit dem Vorhaben, eine ökologisch durchgängige Stauhaltung für den Latzigsee zu erstellen. Der See befindet sich in der Region eines FFH- Gebietes und besitzt Potential ausgedehnter Orchideenwiesen am östlichen Uferbereich. Diese Pflanzen können sich jedoch nur bei ausreichend hohen Wasserständen darstellen und entwickeln. Bedingt durch die Vorflutverhältnisse sinkt der Wasserspiegel in niederschlagsarmen Zeiten ab. Zurzeit wird die Lage des Wasserspiegels vom Latzigsee unmittelbar von dem Wasserstand der Randow beeinflusst. [50]

3.5.3. Schutzerfordernisse:

- „Erhalt der nährstoffarmen kalkhaltigen Gewässer
- Erhalt von Pfeifengraswiesen auf kalkreichem Boden
- Erhalt flächenhafter Röhrichte
- Erhalt kalkreicher Niedermoore
- Erhalt hydrologischer, nährstoffarmer, kalkbeeinflusster Moore mit hohem Wasserstand und niedrig- wüchsiger Braunmoos-, Kleinseggen- und Binsenvegetation mit naturbelassenem Zustand als Lebensraum des Sumpf-Glanzkrautes
- Erhalt bzw. Wiederherstellung optimaler Lebensbedingungen für die Schmale Windelschnecke
- Erhalt und Wiederherstellung der Anzahl und Ausprägung der Sommerlebensräume, Überwinterungsplätze und Wanderwege der Rotbauchunke und des Kammmolchs
- Erhalt und Wiederherstellung optimaler Bedingungen für den Fischotter, den Skabiosen Scheckenfalter, den Schlammpeitzger als stationärer Bodenfisch und für den Steinbeißer" [51]

3.6. Beschreibung der Renaturierungsmaßnahme

3.6.1. Beschreibung der ökologisch durchgängigen Stauhaltung

Nachweislich des Messtischblattes hat der Latzigsee einen Wasserspiegel von 5,20m HN. Ziel ist es, den Latzigsee auf ein Niveau von 5,40m HN zu stauen. Um eine ausreichende Wandermöglichkeit der Fische mit einer Wassertiefe von mindestens 30 cm zu erreichen, sollte die Durchgängigkeit der Stauhaltung zwischen 5,10 und 5,40 m HN gewährleistet werden.

Die ökologische Durchgängigkeit soll als Beckenpasses gelöst werden, damit der Fortbestand der Fauna auch im Winter sowie in abflussarmen bzw. abflusslosen Zeiten gewährleistet wird. Somit besteht die Stauhaltung aus mehreren nacheinander folgenden Wasserbecken unterschiedlicher Höhe mit einer Wassertiefe von mindestens 60 cm.

Desweiteren dient das Bauwerk dafür, dass der Latzigsee bei einem Hochwasser in der Randow befüllt wird. Der errichtete Wasserstand bleibt im See erhalten, nachdem sich das Hochwasser gelegt hat. Jedoch ist diese Funktion erst ab einer Wasserspiegellage über 5,30 m HN für den Latzigsee wirksam. [52]

3.6.2 Renaturierungsergebnis

Der Latzigsee hat einen Umfang von ca. 3000m. Sollte es gelingen, die mittlere Wasserspiegellage des Sees von 5,20 m HN auf 5,40 m HN zu stauen, wäre es möglich, dass entlang der Uferlinie ein Streifen von mindestens 80 m Breite vernässt wird. Dies würde bedeuten, dass eine Fläche von 24 ha entsteht. [53]

4. Zusammenfassung

Aus den im Text erläuterten Beispielen wird deutlich, wie wichtig Renaturierungsmaßnahmen sind. Früher beeinflussten die Menschen die Natur u. a. hinsichtlich der Weiterentwicklung der menschlichen Bedürfnisse, z.b. mit der Begradigung von Flüssen oder Erstellen von Weideflächen. Heute muss nach dem Naturschutzgesetz für jeden Eingriff in die Natur, wie z. B. beim Autobahnbau, ein Ausgleich geschaffen werden.

Beim Erstellen meiner Facharbeit bin ich zu der Erkenntnis gekommen, dass es notwendig ist, noch mehr Aufklärungsarbeit bezüglich des Natur- und Umweltschutzes und der Renaturierung überhaupt zu leisten, um u. a. die Schäden einzuschränken, die Menschen aus Unwissenheit bzw. aus Ignoranz verursacht haben.

Abschließen möchte ich meine Facharbeit mit einem Zitat:
„ Eine schöne Landschaft, das ist eine Kulturlandschaft, mit der der Mensch im Einklang lebt. Wenn nur noch die sogenannte unberührte Natur das hat, was wir Erholungswert nennen, wenn also der Mensch sich von dem erholen muss, was er anrichtet, so ist seine Kultur eine Kultur des Selbstwiderspruchs.“[54]

Anhang 1

„Der Biotopschutz in Deutschland regelt sich nach § 30 des Gesetzes über Naturschutz und Landschaftspflege (Bundesnaturschutzgesetz - BnatSchG) vom 25. März 2002, zuletzt geändert durch Art. 167 der 8. Zuständigkeitsanpassungsverordnung vom 25.11.2003 BGBl. I S. 1193/ BGBl. I S. 2304 und den jeweiligen Landesnaturschutzgesetzen. Da das Bundesnaturschutzgesetz hier eine Rahmenregelung trifft und den Ländern ausdrücklich eine Erweiterung der Regelungen ermöglicht, sind die Regelungen in den einzelnen Ländern unterschiedlich. Das in Mecklenburg-Vorpommern anzuwendende Rechtsinstrument für den Biotop- und Geotopschutz ist das Gesetz zum Schutz der Natur und Landschaft im Lande Mecklenburg-Vorpommern (Landesnaturschutzgesetz - LnatSchG M-V) in der Fassung der Bekanntmachung vom 22. Oktober 2002, GVOBl 2003 S. 1."

Landesnaturschutzgesetz M- V, GVOBl 2003, S. 1

Anhang 2

Hier der Gesetzestext zur Landschaftsplanung etc.

Landesnaturschutzgesetz M-V

§ 10 Aufgaben der Landschaftsplanung

(1) Die Landschaftsplanung hat die Aufgabe, die Erfordernisse und Maßnahmen des Naturschutzes und der Landschaftspflege sowie der Erholung in Natur und Landschaft flächendeckend für den Planungsraum zu erarbeiten, darzustellen und zu begründen. Dabei sind die verschiedenen Anforderungen an einen nachhaltigen Schutz der einzelnen Naturgüter zu einem internen Ausgleich zu bringen. Die Ergebnisse der Landschaftsplanung sind Grundlage für den Schutz, die Pflege und die Entwicklung von Natur und Landschaft sowie zur Vorsorge für die Erholung in Natur und Landschaft.

(2) Die Landschaftsplanung dient darüber hinaus der Verwirklichung der Ziele und der Grundsätze des Naturschutzes und der Landschaftspflege auch bei Maßnahmen, Planungen und Verwaltungsverfahren anderer Behörden und öffentlicher Stellen, die sich auf Natur und Landschaft im Planungsraum auswirken können.

§ 11 Inhalte der Landschaftsplanung

(1) Die Ergebnisse der Landschaftsplanung als Ausgleich der verschiedenen Anforderungen an einen nachhaltigen Schutz der einzelnen Naturgüter sind in Text und Karte mit Begründung zusammenhängend für den Planungsraum darzustellen, und zwar

1. der vorhandene und der zu erwartende Zustand von Natur und Landschaft,

2. die konkretisierten Ziele und Grundsätze des Naturschutzes und der Landschaftspflege, insbesondere die Umweltqualitätsziele für die einzelnen Naturgüter im Hinblick auf die Funktionen und Strukturen des Naturhaushalts,

3. die Beurteilung des Zustandes (Nummer 1) nach Maßgabe dieser Ziele (Nummer 2) einschließlich der sich daraus ergebenden Konflikte,

4. die Erfordernisse und Maßnahmen, insbesondere

a) zur Vermeidung, Minderung, Beseitigung sowie zum Ausgleich und Ersatz bei Beeinträchtigungen von Natur und Landschaft auch bei vorhandenen Nutzungen,

b) zum Schutz, zur Pflege und zur Entwicklung bestimmter Teile von Natur und Landschaft im Sinne des Abschnitts 4,

c) zum Schutz, zur Pflege und Entwicklung der Biotope, Biotopverbundsysteme und Lebensgemeinschaften der Tiere und Pflanzen wildlebender Arten,

d) zum Schutz, zur Verbesserung der Qualität und zur Regeneration von Boden, Wasser, Luft und Klima sowie

e) zur Erhaltung und Entwicklung von Vielfalt, Eigenart und Schönheit der Landschaft und zur Sicherung der landschaftsgebundenen und naturverträglichen Erholung.

(2) Die sich aus den Erfordernissen und Maßnahmen ergebenden Anforderungen des Naturschutzes und der Landschaftspflege an andere Raumnutzungen sind unter Berücksichtigung der Verwertbarkeit der Ergebnisse für die Raumordnungsprogramme nach §4 Abs. 1 des Landesplanungsgesetzes in der Fassung der Bekanntmachung vom 5. Mai 1998 (GVOBl. M-V S. 503) gesondert darzustellen. Dabei sind die Ziele der Raumordnung und Landesplanung zu beachten; die Grundsätze und sonstigen Erfordernisse der Raumordnung und Landesplanung sind zu berücksichtigen.

(3) Die Inhalte der Landschaftsplanung sind in Abstimmung mit den Trägern der Landschaftsplanung der benachbarten Planungsräume zu erarbeiten. Dabei ist zu beachten, dass die Verwirklichung der Erfordernisse und Maßnahmen der

Landschaftsplanung im benachbarten Planungsraum nicht erschwert, sondern in ihrer Gesamtheit unterstützt wird.

(4) Die oberste Naturschutzbehörde wird ermächtigt, durch Rechtsverordnung die Darstellungsmethodik, insbesondere die Planzeichen, für die einzelnen Ebenen der Landschaftsplanung zu bestimmen.

Unterabschnitt 2
Ebenen der Landschaftsplanung

§ 12 Gutachtliches Landschaftsprogramm und Gutachtliche Landschaftsrahmenpläne

(1) Die Erfordernisse und Maßnahmen des Naturschutzes und der Landschaftspflege werden für das Land im Gutachtlichen Landschaftsprogramm und für die Regionen nach § 12 Abs. 1 des Landesplanungsgesetzes in den Gutachtlichen Landschaftsrahmenplänen dargestellt.

(2) Das Gutachtliche Landschaftsprogramm wird von der obersten Naturschutzbehörde, die Gutachtlichen Landschaftsrahmenpläne werden von der oberen Naturschutzbehörde nach Maßgabe des § 11 erarbeitet und, mit Ausnahme der Anforderungen an andere Raumnutzungen gemäß § 11 Abs. 2, veröffentlicht.

(3) Die raumbedeutsamen Inhalte nach Absatz 1 werden nach Abwägung mit den anderen Belangen Bestandteil der Raumordnungsprogramme nach § 4 Abs. 1 des Landesplanungsgesetzes. Als Anlage zu diesen werden auch die Anforderungen an andere Raumnutzungen gemäß § 11 Abs. 2 veröffentlicht.

(4) Zur Beurteilung der Umweltverträglichkeit ist dabei darzulegen,

1. aus welchen Gründen von den Inhalten der Gutachtlichen Landschaftsplanung abgewichen wird und

2. wie Beeinträchtigungen von Natur und Landschaft vermieden und unvermeidbare Beeinträchtigungen ausgeglichen werden können.

(5) Die Inhalte der Gutachtlichen Landschaftsplanung sind in den Maßnahmen, Planungen und Verwaltungsverfahren anderer Behörden und sonstiger öffentlicher Stellen, soweit sich deren Entscheidungen auf Natur und Landschaft im Planungsraum auswirken können, nach Maßgabe der dafür geltenden Vorschriften des Rechts der

Raumordnung und Landesplanung zu beachten, wenn sie als Ziele der Raumordnung und Landesplanung in die Raumordnungsprogramme eingefügt sind. Sie sind zu berücksichtigen, wenn sie als Grundsätze der Raumordnung und Landesplanung in die Raumordnungspläne eingefügt sind oder wenn sie als in der Aufstellung befindliche Ziele der Raumordnung und Landesplanung als sonstige Erfordernisse der Raumordnung gelten. Im Übrigen sind die raumbedeutsamen Inhalte der Gutachtlichen Landschaftsplanung angemessen zu berücksichtigen. Die Bewertung von Natur und Landschaft im Rahmen der Landschaftsplanung stellt einen Maßstab für die Beurteilung der Umweltverträglichkeit der Planungen, Maßnahmen und Vorhaben dar.

(6) Die Gutachtliche Landschaftsplanung ist bei Bedarf zusammen mit den Raumordnungsprogrammen fortzuschreiben.

§ 13 Landschafts- und Grünordnungspläne

(1) Die örtlichen Erfordernisse und Maßnahmen des Naturschutzes und der Landschaftspflege sind von den Gemeinden in Landschaftsplänen zur Vorbereitung von Flächennutzungsplänen und in Grünordnungsplänen zur Vorbereitung von Bebauungsplänen näher darzustellen und bei Bedarf fortzuschreiben. Die Aufgabe wird von den Gemeinden im eigenen Wirkungskreis wahrgenommen.

(2) Von der Aufstellung von Landschafts- und Grünordnungsplänen kann abgesehen werden, wenn die Planungen

1. keine nachhaltigen und großräumigen Landschaftsveränderungen vorsehen,

2. nicht Zielen der überörtlich bedeutsamen Erholungsvorsorge dienen,

3. nicht für die Sicherung der Funktionsfähigkeit des Naturhaushalts oder des Landschaftsbildes bedeutsam sind.

Die oberste Naturschutzbehörde kann darüber hinaus im Einzelfall auf Antrag Ausnahmen zulassen, sobald und soweit eine Aufstellung aus Gründen des Naturschutzes und der Landschaftspflege nicht erforderlich ist.

(3) Die Landschafts- und Grünordnungspläne sind der unteren Naturschutzbehörde, die Landschaftspläne sind auch der Fachbehörde für Naturschutz vor der Beschlussfassung zur Stellungnahme vorzulegen.

(4) Die Inhalte der Landschafts- und Grünordnungspläne werden von der Gemeinde unter Abwägung mit den anderen bei der Aufstellung der Bauleitpläne zu

berücksichtigenden Belangen (§ 1 Abs. 6 des Baugesetzbuches) als Darstellungen oder
Festsetzungen in die Bauleitpläne. aufgenommen. Solche Inhalte der
Grünordnungspläne, welche die Voraussetzungen des § 9 Abs. 1 des Baugesetzbuches
nicht erfüllen, gelten als naturschutzrechtliche Festsetzungen und können gemäß § 9
Abs. 4 des Baugesetzbuches in den Bebauungsplan als Festsetzungen aufgenommen
werden; § 10 Abs. 3 des Baugesctzbuches ist entsprechend anzuwenden. Bei der
Vorlage der Bauleitpläne zur Genehmigung sind die Landschafts- oder
Grünordnungspläne beizufügen.

Landesnaturschutzgesetz M-V (§ 10, § 11, § 12, § 13)

Anmerkungen

1) http://www.umweltlexikon-online.de/fp/archiv/RUBsonstiges/Renaturierung.php (Stand   05.12.05)

2) vgl. Jedicke, Biotopschutz in der Gemeinschaft, S. 256/257

3) vgl. http://bfn.de/0316_wasist .html (Stand 12.12.05)

4) vgl. http://bfn.de/0316_wasist .html (Stand 12.12.05)

5) vgl. http://www.bfn.de/0311_biotopverbund.html (Stand 12.12.05)

6) vgl. http://www.bfn.de/0311_leitbilder.html (Stand 12.12.05)

7) vgl. http://www.bfn.de/0202_eue.html (Stand 12.12.205)

8) http://www.bfn.de/0202_eue.html (Stand 12.12.205)

9) vgl. http://www.bfn.de/0322_biotope.html (Stand 12.12.05)

10) http://mars.geographie.uni-halle.de/glossar/glossar_win.php?begriff=Sukzession&typ=suche

11) http://www.umweltlexikon-online.de/fp/archiv/RUBlandwirtsrohstoffe/Rekultivierung.php (Stand 04.02.06)

12) Jedicke, Biotopschutz in der Gemeinde, S.256

13) Jedicke, Biotopschutz in der Gemeinde, S. 256

14) vgl. Jedicke, Biotopschutz in der Gemeinde, S. 261

15) vgl. Jedicke, Biotopschutz in der Gemeinde, S. 261

16) Jedicke, Biotopschutz in der Gemeinde, S. 261

17) vgl. Jedicke, Biotopschutz in der Gemeinde, S. 261-265

18) vgl. Jedicke, Biotopschutz in der Gemeinde, S. 265- 266

19) vgl. Jedicke, Biotopschutz in der Gemeinde, S. 266- 268

20) vgl. Jedicke, Biotopschutz in der Gemeinde, S. 268- 271

21) vgl. Jedicke, Biotopschutz in der Gemeinde, S. 271- 274

22) vgl. Jedicke, Biotopschutz in der Gemeinde, S. 275

23) vgl. Jedicke, Biotopschutz in der Gemeinde, S. 277, 280- 282

24) vgl. http://www.bfn.de/0312_planung.html (Stand 12.12.05)

25) http://www.bfn.de/0312_planung.html (Stand 12.12.05)

26) vgl. http://www.bfn.de/0312_planung.html (Stand 12.12.05)

27) http://www.bfn.de/0312_planung.html (Stand 12.12.05)

28) vgl. http://www.bfn.de/0316_ffh-rl.html (Stand 04. 02.06)

29) vgl. http://www.bfn.de/0315_nachhaltigkeit.html (Stand 12.12.05)

30) vgl. Umweltministerium Mecklenburg- Vorpommern (Hrsg.), Die
Naturschutzgebiete in Mecklenburg- Vorpommern, S. 408

31) http://www.dietmar-
schulz.meinatelier.de/index.php4?g=3452&p=12&n=8&ma_sid=da6c6bf3b9f1869b696
e1d5d5bb01f79

32) vgl. Umweltministerium Mecklenburg- Vorpommern (Hrsg.), Die
Naturschutzgebiete in Mecklenburg- Vorpommern, S. 408

33) vgl. Projektkurs Biologie Klasse 12, Entwicklung einer Moorbrandfläche nach der
Umgestaltung zu einem offenen Gewässer

34) http://www.dietmar-
schulz.meinatelier.de/index.php4?g=3452&p=2&n=0&ma_sid=da6c6bf3b9f1869b696e
1d5d5bb01f79

35) vgl. Projektkurs Biologie Klasse 12, Entwicklung einer Moorbrandfläche nach der
Umgestaltung zu einem offenen Gewässer

36) Projektkurs Biologie Klasse 12, Entwicklung einer Moorbrandfläche nach der
Umgestaltung zu einem offenen Gewässer

37) vgl. Projektkurs Biologie Klasse 12, Entwicklung einer Moorbrandfläche nach der
Umgestaltung zu einem offenen Gewässer

38) vgl. Ingenieurbüro Helge Gluth, Genehmigungsplanung, S. 2/3

39) Gespräche Forstamt Pasewalk Revier Theerofen, Dinse, Thorsten

40)http://images.google.de/imgres?imgurl=http://pflanzen.brx.ch/bild.php/52/68/0&img
refurl=http://pflanzen.brx.ch/art.php/52&h=150&w=96&sz=10&tbnid=FGoiEZEHHp2
64M:&tbnh=90&tbnw=57&hl=de&start=11&prev=/images%3Fq%3Dfleischrotes%2B
Knabenkraut%26svnum%3D10%26hl%3Dd

41) http://www.nahansichten.de/orchi14.html

42)http://images.google.de/imgres?imgurl=http://www.natura2000.murl.nrw.de/fachdok
u/ffh-arten/images/farn_blueten_moose/liparis_loeselii_woike.jpg&imgrefurl=http://
www.natura2000.murl.nrw.de/fachdoku/ffh-
arten/arten/farn_blueten_moose/liparis_loeselii_kurzb.htm&

43) Gespräche Forstamt Pasewalk Revier Theerofen, Dinse, Thorsten

44) vgl. Markgraf, Wollert, Mohr, Lemke, Hennicke, Zur aktuellen Gefährdungssituation des Sumpf- Knabenkrautes (Orchis palustris Jacq.) in Mecklenburg Vorpommern (Auszug aus Botanischer Rundbrief für Mecklenburg-Vorpommern), S. 11/12

45) Markgraf, Wollert, Mohr, Lemke, Hennicke, Zur aktuellen Gefährdungssituation des Sumpf- Knabenkrautes (Orchis palustris Jacq.) in Mecklenburg Vorpommern (Auszug aus Botanischer Rundbrief für Mecklenburg- Vorpommern), S. 12-24

46) vgl. Markgraf, Wollert, Mohr, Lemke, Hennicke, Zur aktuellen Gefährdungssituation des Sumpf- Knabenkrautes (Orchis palustris Jacq.) in Mecklenburg Vorpommern (Auszug aus Botanischer Rundbrief für Mecklenburg-Vorpommern), S. 17/18

47)http://www.natur-lexikon.com/Texte/HKO/001/00025-Sumpfknabenkraut/HKO00025-Sumpfknabenkraut.html

48)http://www.natur-lexikon.com/Texte/HKO/001/00025-Sumpfknabenkraut/HKO00025-Sumpfknabenkraut.html

49) vgl. Gespräche Forstamt Pasewalk Revier Theerofen , Dinse, Thorsten

50) vgl. Ingenieurbüro Helge Gluth, Genehmigungsplanung, S. 1/2

51) Formblatt zur Gebietscharakterisierung, Latzigsee bei Borken N048

52) vgl. Ingenieurbüro Helge Gluth, Genehmigungsplanung, S.6/7

53) vgl. Ingenieurbüro Helge Gluth, Genehmigungsplanung, S. 9

54) Mülder, Helft unsere Buchenwälder retten, S. 31

Quellenverzeichnis

a.) Literaturverzeichnis

A. u.: Formblatt zur Gebietscharakterisierung. Latzigsee bei Borken N048, O. u. Juli 2003

Gespräche Dinse, Thorsten, Forstamt Pasewalk Revier Theerofen

Ingenieurbüro Helge Gluth: Genehmigungsplanung, Neubrandenburg Juli 2005

Jedicke, Eckhard: Biotopschutz in der Gemeinde. 11 Renaturierung von Biotopen und Biotopverpflanzung, Radebeul 1994

Markgraf, P./ Wollert, H./ Mohr, A./ Lemke, H./ Hennicke, M./:Botanischer Rundbrief für Mecklenburg- Vorpommern. Zur aktuellen Gefährdungssituation des Sumpf- Knabenkrautes (Orchis palustris Jacq.) in Mecklenburg Vorpommern, O. u. April 2002

Mülder, Dietrich: Helft unsere Buchenwälder retten!. Wald- und Forstwirtschaft im Streit der Meinungen, Siegen 1882

Projektkurs Biologie Klasse 12, Eva Abe und Anne Janzen: Entwicklung einer Moorbrandfläche nach der Umgestaltung zu einem offenen Gewässer, Pasewalk 2004

Umweltministerium Mecklenburg- Vorpommern (Hrsg.): Die Naturschutzgebiete in Mecklenburg- Vorpommern, Großer Koblentzer See, O. u. 2003

Internetquellen:
Biotopverbund. URL
http://www.bfn.de/0311_biotopverbund.html
(Stand 12.12.05)

Erprobungs- und Entwicklungsvorhaben. URL
http://www.bfn.de/0202_eue.html
(Stand 12.12.205)

Landschaftsleitbilder. Erarbeitung regionalisierter naturschutzfachlicher Landschaftsleitbilder. URL
http://www.bfn.de/0311_leitbilder.html
(Stand 12.12.05)

Landschaftsplanung. Ziele, Aufgaben, Inhalte. URL
http://www.bfn.de/0312_planung.html
(Stand 12.12.05)

Nachhaltigkeitsindikator für die Artenvielfalt. URL

http://www.bfn.de/0315_nachhaltigkeit.html
(Stand 12.12.05)

Naturschutzfachliche Anforderungen, die in den Richtlinien verankert sind.
Berichtspflichten. URL
http://www.bfn.de/0316_ffh-rl.html
(Stand 04. 02.06)

Rekultivierung. URL
http://www.umweltlexikon-
online.de/fp/archiv/RUBlandwirtsrohstoffe/Rekultivierung.php (Stand 04.02.06)

Renaturierung. URL
http://www.umweltlexikon-online.de/fp/archiv/RUBsonstiges/Renaturierung.php
(Stand 05.12.05)

Rote Liste gefährdeter Biotoptypen. URL
http://www.bfn.de/0322_biotope.html
(Stand 12.12.05)

Sukzession. URL
http://mars.geographie.uni-
halle.de/glossar/glossar_win.php?begriff=Sukzession&typ=suche
(Stand 24.02.06)

Was ist Natura 2000?. URL
http://bfn.de/0316_wasist .html
(Stand 12.12.05)

Bildquellenverzeichnis

Fleischrotes Knabenkraut. URL
http://images.google.de/imgres?imgurl=http://pflanzen.brx.ch/bild.php/52/68/0&imgref
url=http://pflanzen.brx.ch/art.php/52&h=150&w=96&sz=10&tbnid=FGoiEZEHHp264
M:&tbnh=90&tbnw=57&hl=de&start=11&prev=/images%3Fq%3Dfleischrotes%2BKn
abenkraut%26svnum%3D10%26hl%3Dd
(Stand 04.02.06)

Großer Koblentzer See. URL
http://www.dietmar-
schulz.meinatelier.de/index.php4?g=3452&p=12&n=8&ma_sid=da6c6bf3b9f1869b696
e1d5d5bb01f79
(Stand 04.02.06)

Moorbrandflächen. URL
http://www.dietmar-
schulz.meinatelier.de/index.php4?g=3452&p=2&n=0&ma_sid=da6c6bf3b9f1869b696e
1d5d5bb01f79
(Stand 04.02.06)

Sumpf- Glanzkraut. URL
http://images.google.de/imgres?imgurl=http://www.natura2000.murl.nrw.de/fachdoku/f
fh-
arten/images/farn_blueten_moose/liparis_loeselii_woike.jpg&imgrefurl=http://www.nat
ura2000.murl.nrw.de/fachdoku/ffh-
arten/arten/farn_blueten_moose/liparis_loeselii_kurzb.htm&
(Stand 04.02.06)

Sumpf- Knabenkraut. URL
http://www.natur-lexikon.com/Texte/HKO/001/00025-Sumpfknabenkraut/HKO00025-
Sumpfknabenkraut.html
(Stand 04.02.06)

Sumpfsitter. URL
http://www.nahansichten.de/orchi14.html
(Stand 04.02.06)

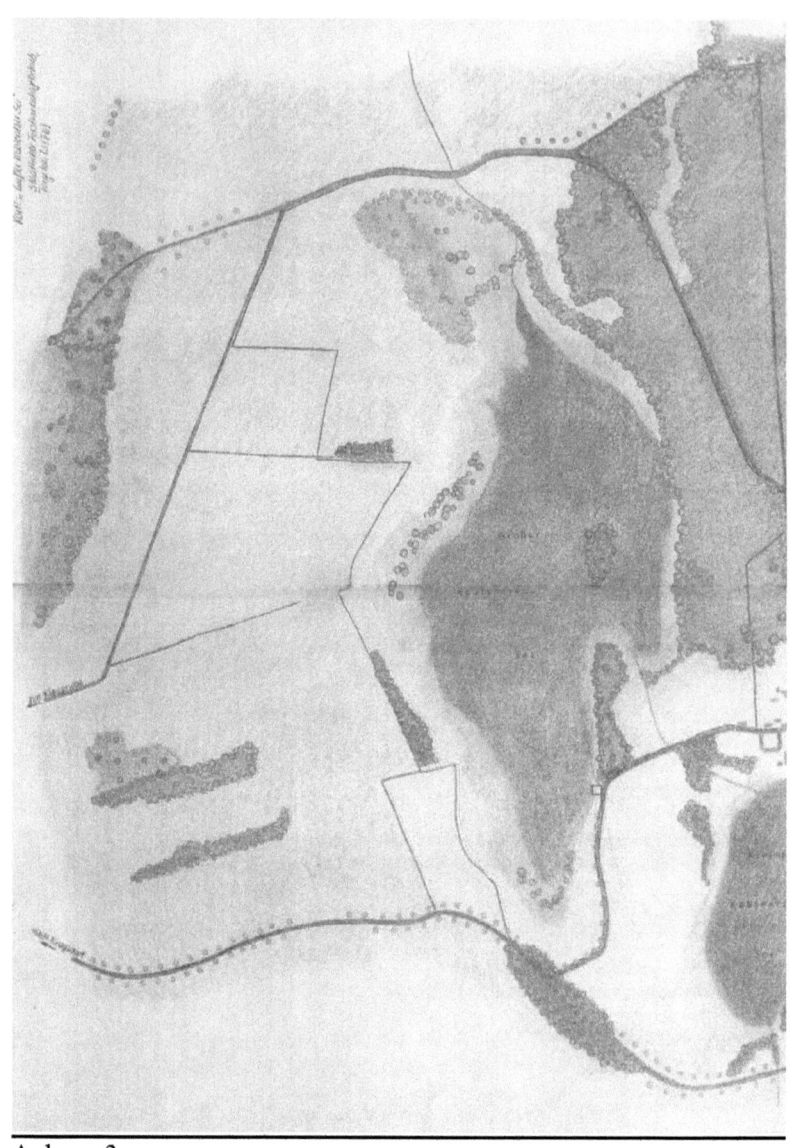

Anhang 3

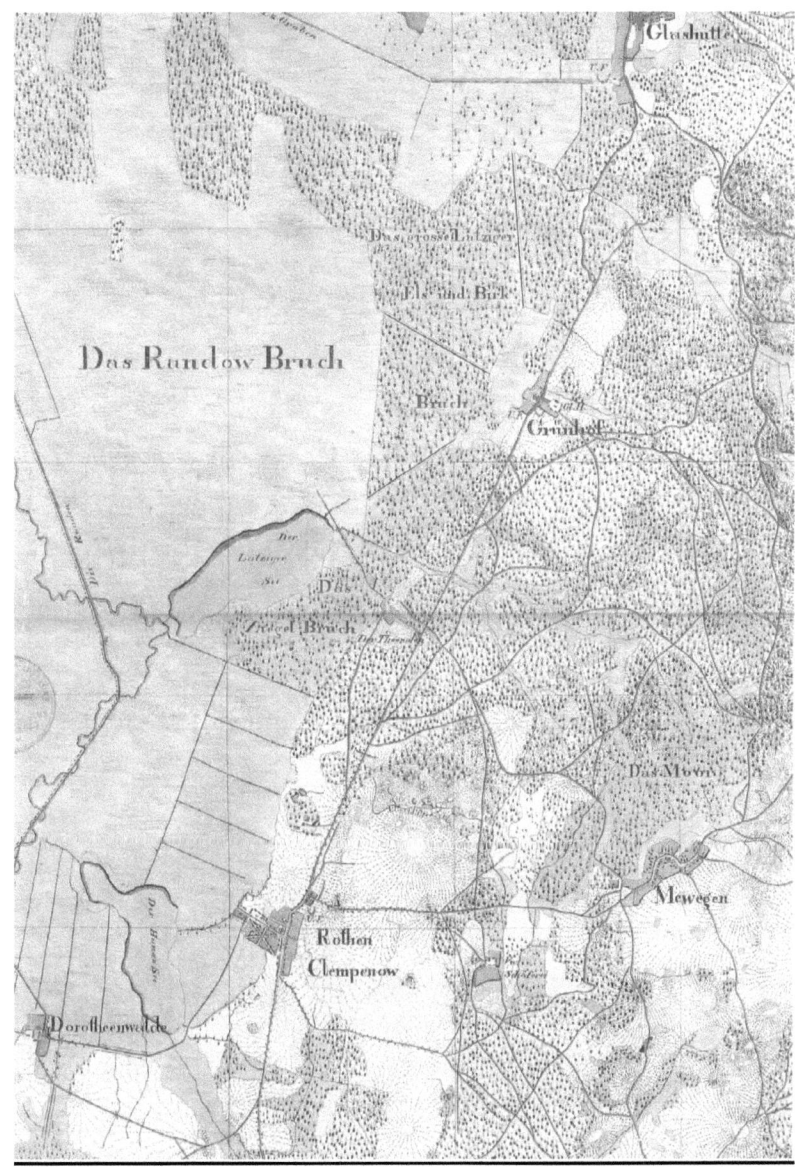

Anhang 4